Kleines Hufeisen

Großes Hufeisen

Pferde – meine besten Freunde

geschrieben von
Isabelle von Neumann-Cosel,
illustriert von Jeanne Kloepfer

FN hufeisen sachbuch

Die Deutsche Bibliothek – CIP-Einheitsaufnahme

Pferde – meine besten Freunde: Kleines Hufeisen – Großes Hufeisen/
Isabelle von Neumann-Cosel; Jeanne Kloepfer –
Warendorf: FN-Verl. der Dt. Reiterlichen Vereinigung, 1997
(FN-Hufeisen-Sachbuch)
ISBN 3-88542-318-9

Autorin: Isabelle von Neumann-Cosel,
Edingen-Neckarhausen
Illustratorin: Jeanne Kloepfer, Heidelberg
Layout: Medium GmbH, Beelen
Fotos: C.T. Nebe, Ladenburg, Seiten 29, 41 unten,
45 unten, 46 und 47.
Werner Ernst, Ganderkesee, Seiten 22 und 23.
Peter Prohn, Barmstedt, Seiten 27, 41 und 45 oben.
Lithografie: D & L Reichenberg GmbH, Bocholt
Digitale Bogenmontage, Druck und Verarbeitung:
MediaPrint, Paderborn

ISBN 3-88542-318-9

Wo finde ich was?

Pferde brauchen Menschen 4

Pferde müssen richtig versorgt werden 6

Die Gesundheit geht vor 8

Alle Pferde sind wertvoll 10

Unsere gemeinsame Geschichte 12

Pferde sind gute Lehrer 14

Pferde und Menschen müssen miteinander lernen 16

Leistungen dürfen nicht erzwungen werden 18

Das Recht auf ein würdiges Lebensende 20

Die natürlichen Eigenschaften der Pferde
Fluchttier, Lauftier, Herdentier 22

Die lautlose Pferdesprache:
Wie Pferde miteinander sprechen – wie wir mit Pferden sprechen können 24

Die beste Haltung
Licht, Luft und Kontakt zu anderen Pferden 26

Gesunde Fütterung
Futtersorten, Mahlzeiten und Portionen 28

Pferderassen und Zuchtgebiete
Reitpferde aus Deutschland 30

Kleine Pferde aus ganz Europa
Die wichtigsten Ponyrassen 32

Auf Zehenspitzen laufen
Der besondere Körperbau der Pferde 34

Die Gangarten der Pferde
Mehr als Schritt, Trab und Galopp 36

Andere Länder – andere Pferde – andere Reitweisen 38

Reiten lernen – wo und wie
Die fachgerechte Reitausbildung 40

Eine vielseitige Grundausbildung
Der beste Weg, ein guter Reiter zu werden 42

Turniersport
Wettkämpfe um Schleifen, Pokale und Preise 44

Mein ganz persönliches Ziel
Für die Harmonie von Mensch und Pferd 46

Das 1 x 9 der Pferdefreunde – These 1 Pferde brauchen Menschen

Menschen und Pferde können miteinander eine wunderbare Freundschaft schließen. Wenn du ein **Pferdefreund** werden möchtest, reicht **Pferdeliebe** allein allerdings nicht aus. Pferdefreunde müssen zuallererst **Pferdekenner** werden! Dazu müssen sie die natürlichen Verhaltensweisen der Pferde kennen und ihre natürlichen Bedürfnisse respektieren. Es gilt, genug über Pferde zu wissen, um ihnen ein wirklich guter Freund – oder eine gute Freundin – sein zu können!

Tip

→ **Beobachte so oft wie möglich Pferde auf der Weide. So lernst du ihr natürliches Verhalten kennen – viel besser als aus Büchern!**

Das 1 x 9 der Pferdefreunde

Ganz hinten in diesem Buch findest du eine Doppelseite mit der Überschrift **Das 1 x 9 der Pferdefreunde – für die Harmonie von Mensch und Pferd**.

→ Die **neun Grundsätze**, die darauf in Text und Bild festgehalten sind, muß jeder beherzigen, der ein Pferdefreund werden möchte.

In den ersten neun Kapiteln dieses Buches werden diese Grundsätze erklärt. Schau dir diese allerletzte Seite genau an – in jedem Kapitel, das zu einem der Punkte 1 bis 9 gehört, findest du nicht nur den **Text**, sondern auch ein **Bild** wieder. Vielleicht mußt du zweimal hinschauen, um es zu entdecken!

Jedes dieser Bilder erzählt eine besondere Geschichte. Während du die eine sicher auf den ersten Blick verstehst, mußt du über eine andere vielleicht ein bißchen nachdenken.

Pferde sind auf uns Menschen angewiesen. Wir Pferdefreunde tragen die Verantwortung dafür, daß es jedem einzelnen Pferd gut geht – auch du.

Jahrtausendelang sind Pferde **ohne** uns **Menschen** ausgekommen. Sie lebten in der weitläufigen Steppe, suchten sich ihr Futter selbst, trotzten Regen, Kälte, Sturm und ihren natürlichen Feinden, den großen Raubtieren.

Vom Wildpferd zum Sportkamerad

Die ursprünglichen **Wildpferde** gelten heute als **ausgestorben**. Nur noch einige wenige Exemplare leben in Zoos oder Reservaten.

Bei der Entstehung unserer heutigen **Pferderassen** haben Menschen die Hand im Spiel gehabt. Seit vielen Jahrhunderten **züchten** Menschen Pferde so, wie sie ihnen am besten gefallen und am nützlichsten sind.

Sehr große, starke und schwere, aber auch besonders edle Pferde sind von der Natur gar nicht vorgesehen. Pferde, die in der **freien Natur** ihr Futter selbst suchen müssen, werden nicht größer als **höchstens 1,50 Meter**.

Die Pferde und Ponys, denen wir heute begegnen, sind von Menschen gezüchtet worden. Es gibt keinen natürlichen Lebensraum mehr, in dem sie ohne uns zurechtkommen könnten. Sie brauchen uns.

→ Wir sind **verantwortlich** dafür, daß es ihnen gut geht. Wir müssen sie so halten und füttern, behandeln und trainieren, daß sie sich dabei wohl fühlen.

Das 1 x 9 der Pferdefreunde – These 2
Pferde müssen richtig versorgt werden

Pferde brauchen Wasser und Futter, Licht und Luft, viel Bewegung und Kontakt zu anderen Pferden. Wir Pferdefreunde sorgen dafür, daß es jedem Pferd gut geht – auch du.

Tip

→ Stell dir vor, du wärest ein Pferd. Welchen Tagesablauf würdest du dir wünschen? – Vergiß nicht, daß Pferde manchmal ganz andere Wünsche haben als wir Menschen!

Die meisten Pferde leben in **Ställen**. Diese Pferdeställe können sehr verschieden aussehen.

Aber für alle Pferde gilt gleichermaßen: Sie können sich in einem Stall nur wohl fühlen, wenn auch dort ihre **natürlichen Bedürfnisse** respektiert werden.

Lauftiere im engen Käfig

Ein typischer Pferdestall besteht aus einer Reihe von **Boxen**, die nebeneinander oder einander gegenüber aufgebaut sind. Jedes Pferd hat eine Box ganz für sich allein. Sie ist mindestens so groß, daß ein Pferd sich darin ausgestreckt hinlegen kann, aber nicht groß genug, um dem Pferd Bewegung zu bieten.

Die meisten Pferde haben sich daran **gewöhnt**. Mit stoischer Ruhe stehen sie in ihren engen Quartieren, dösen vor sich hin, halten eine lautlose Unterhaltung mit dem Nachbarpferd oder schauen interessiert in irgendeine unbekannte Ferne.

Nur manchmal kommt **Unruhe** auf, und die Pferde verraten ihre innere **Spannung**. Sie scharren oder wetzen ihre Zähne an den Gittern, klappern mit dem Türriegel, streiten sich mit ihren vierbeinigen Nachbarn um das Futter.

Eingesperrt sein ist schlimm

Einige werden sogar krank: Sie gewöhnen sich das schädliche Luftschlucken, das sogenannte **Koppen**, an oder pendeln mit Kopf, Hals und Vorderbeinen unentwegt von einer Seite zur anderen. In der Reitersprache wird dieses traurige Bild **weben** genannt. Man kann dieses rhythmische Schaukeln gelegentlich auch bei anderen eingesperrten Tieren beobachten, zum Beispiel bei Elefanten im Zirkus. Tatsache ist: eine Box ist für ein Pferd das gleiche wie ein Käfig für ein Huhn.

Ganz und gar unangemessen ist es, Reitpferde in Ständern anzubinden. Wo Ständerhaltung früher üblich war, waren Arbeitspferde oft viele Stunden am Tag in Bewegung. Unsere heutigen Reitpferde leiden viel öfter an **Bewegungsmangel**.

Mit Pferdeaugen sehen

Wer solche **Lauf- und Fluchttiere** in vier enge Wände sperrt, muß für einen angemessenen **Ausgleich** sorgen.
Mit ein bißchen mehr **Luft** und **Licht** und einer Stunde Bewegung am Tag ist es nicht getan.
Pferde **brauchen**:

- ein gutes Quartier
- genügend Futter und Wasser
- Kontakt zu ihren vierbeinigen Freunden
- tägliche Pflege und Gesundheitsfürsorge
- Bewegung und Arbeit
- feste Ordnung und Abwechslung
- Zeit zum ungestörten Dösen
- Gelegenheit zum freien Laufen, Grasen, Wälzen und Spielen.

Laufen tut gut

Wildlebende Pferde sind bis zu 20 Stunden am Tag **in Bewegung**: beim Grasen im gemächlichen Schritt, auf der Suche nach Wasser- und Futterplätzen im ausdauernden Trab, auf der Flucht im rasenden Galopp.

Das große **Bedürfnis** nach **Bewegung** haben unsere Reitpferde als **natürliches Erbe** mitbekommen.

Zeit ist wichtiger als Geld

Einem Pferd ein besonderes Halfter, eine schicke Decke, aufwendige Bandagen oder eine neue Trense zu verpassen, kostet **Geld**. Einem Pferd ein artgerechtes Leben zu ermöglichen, kostet zudem etwas viel Wichtigeres: **Zeit** und **Wissen**.

Nur wer lernt, die Welt mit Pferdeaugen zu betrachen, kann Pferde richtig versorgen.

Das 1 x 9 der Pferdefreunde – These 3
Die Gesundheit geht vor

Gesundheit und Zufriedenheit des Pferdes sind wichtiger als Erfolge um jeden Preis.

Uns Pferdefreunde geht das Wohl jedes einzelnen Pferdes vor – auch dir.

Ein **Pferdeleben** ist **kürzer** als ein **Menschenleben**. Pferde können bis zu 30 Jahre alt werden, manche Ponyrassen sogar noch älter. Aber die traurige Tatsache ist: die wenigsten Pferde erreichen dieses Alter.

Viele Pferde haben schon vorher **unheilbare Erkrankungen** oder **Abnutzungserscheinungen**. Besonders häufig sind davon die Pferdebeine betroffen. Aber viele Pferde haben auch unheilbare, also chronische Erkankungen der Atemwege.

> ***Tip***
>
> → **Wenn ein Pferd sich beim Reiten plötzlich wehrt und schlecht benimmt, dann überprüfe, ob es möglicherweise Schmerzen hat.**

Krankheiten und Verletzungen können durch erbliche **Veranlagung**, durch **Ansteckung**, **Unfälle** und unglückliche **Zufälle** entstehen. Krankheiten und Verletzungen können aber auch durch schlechte Haltung, falsche Fütterung, zu viel oder zu wenig Bewegung, Überforderung, fehlendes Wissen und mangelnde Sorgfalt entstehen. **Chronische Erkrankungen** beginnen oft langsam und unauffällig. Zu Beginn ihres Auftretens könnte durch sorgfältige Behandlung, richtige Pflege und rücksichtsvolle Bewegung noch Abhilfe geschaffen werden. Je früher eine **fachgerechte Behandlung** begonnen wird, desto besser stehen die Chancen für den **Heilungserfolg**.

Rücksicht auf ein krankes Pferd

Kranke Pferde brauchen **Schonung** und **Pflege**. Das hört sich viel selbstverständlicher an, als es ist. Denn ein Pferd kann uns nicht sagen, wann es sich nicht wohl fühlt.

Starke Lahmheiten oder schlimme Verletzungen erkennt jeder. Aber gerade zu Beginn sind manche Erkankungen gar nicht leicht zu erkennen. Längst nicht alle Krankheiten lassen sich sicher an **äußeren Anzeichen** ablesen.

Der beste Hinweis für die **Pferdegesundheit**, den wir haben, ist das **Verhalten des Pferdes**. Nur wer ein Pferd gut kennt, kann auch versteckte Hinweise darauf entdecken, daß irgend etwas mit ihm nicht stimmt. Ein Blick in das **Auge** des Pferde kann helfen: **Schmerzen** oder **Fieber** spiegeln sich, ähnlich wie bei uns Menschen, im Pferdeauge wider. Wer diese Anzeichen übersieht, kann zum Tierquäler werden – ohne es zu wollen und ohne es zu merken. Kranke Pferde sind auf Rücksicht angewiesen. Verlange von ihnen keine Leistung, die sie nur unter Schmerzen erbringen können.

→ **Schone** ein krankes Pferd lange genug!

Krankheitsanzeichen

Es gibt einige sichere **Anzeichen** dafür, daß ein Pferd **krank** ist. In all diesen Fällen muß ein **Fachmann** (Ausbilder, Tierarzt, Hufschmied) zu Rate gezogen werden:

- bei offenen Wunden und Verletzungen,
- bei tränenden, entzündeten Augen,
- bei Nasenausfluß und Husten,
- bei auffälligen Hautveränderungen,
- wenn das Pferd lahmt,
- wenn es sein Futter verweigert,
- wenn es auffällig stark schwitzt,
- wenn es unruhig ist, scharrt und sich nach seinem Bauch umdreht,
- wenn es sich mehrfach hinlegt und wälzt.

Gesundheitsfürsorge

Jedes Pferd muß mindestens zweimal im Jahr **entwurmt** werden, Weidepferde auch öfter. Es gibt eine Reihe von **Impfungen** für Pferde, die sinnvoll und manchmal sogar vorgeschrieben sind – zum Beispiel für Turnierpferde. Man kann Pferde gegen Wundstarrkrampf und Tollwut, Pferdegrippe oder Herpes impfen.

→ Welche Impfung sinnvoll ist, sollte der Tierarzt entscheiden.

Das 1 x 9 der Pferdefreunde – These 4 Alle Pferde sind wertvoll

Alle Pferde verdienen Pflege und Zuneigung, egal ob jung oder alt, Weidepony oder Turnierpferd, Zuchthengst oder ausgedientes Schulpferd. Wir Pferdefreunde wissen, daß alle Pferde gleich gut behandelt werden müssen – auch du.

Tip

→ Überlege einmal: Was wäre dein Lieblingspferd dir wert? Drücke den Wert nicht in einer Geldsumme aus!

Was ein Pferd wert ist

Im Pferdesport dreht sich vieles um **Geld**. Die Zucht, Haltung und Ausbildung von Pferden kostet viel Geld. Gut veranlagte und weit ausgebildete Pferde sind teuer. Im Spitzensport gibt es viel Geld zu verdienen, ganz besonders im Springsport und bei Pferderennen.

Der **finanzielle Wert** eines Pferdes ist gar nicht so leicht festzulegen. Pferde, die einer bestimmten Rasse angehören und einen Abstammungsnachweis ihres Zuchtverbandes besitzen, sind teurer als Tiere mit unbekannter Herkunft. Pferde mit Talent für den Turniersport und mit guter Ausbildung sind teurer als junge Pferde, über deren Zukunftsaussichten noch nichts bekannt ist. Für erfolgreiche Turnierpferde, aber auch für besonders schöne Pferde aus seltenen Rassen wird viel Geld bezahlt.

Aber um diese finanziellen Fragen darf es Pferdefreunden gar nicht gehen, wenn sie über den Wert eines Pferdes nachdenken. Pferde haben **andere Werte** als den Verkaufspreis.

Pferde sind friedliebende Tiere, die uns Menschen freundlich gegenüberstehen. Sie stellen sich geduldig in den **Dienst des Menschen**, ganz egal, wie dieser Dienst aussehen mag.

Viele Talente

Pferde lernen Dressurlektionen oder springen über schwere Parcours. Freundliche Ponys lehren Kinder die Grundlagen des Reitens. Stuten bringen Jahr für Jahr gesunde Fohlen zur Welt. Ausdauernde Distanzpferde tragen ihre Reiter sicher durchs Gelände. Besonders schöne und kluge Pferde erfreuen Zuschauer im Zirkus. Arbeitspferde ziehen schwere Lasten. Vollblüter rasen in hohem Tempo um die Rennbahnen in aller Welt.

Zweierlei Maß

Teure Pferde, die ihren Besitzern viel Geld oder Turniererfolge einbringen, werden oft sehr **verwöhnt**. Sie haben luxuriöse Ställe, bekommen nur ausgesuchtes Futter und werden ausgiebig gepflegt und trainiert.

So gut geht es längst nicht allen Pferden. **Schulpferde**, auf denen du reiten lernen kannst, genießen oft **nicht** die **gleiche Fürsorge**.

Ältere, weniger nützliche, untalentierte, häßliche oder mangelhaft ausgebildete Pferde werden manchmal nicht so gut behandelt. **Gerecht** ist das **nicht**! Gerade Schulpferde oder Arbeitspferde verrichten im Dienst des Menschen eine genauso **harte Arbeit** wie die vierbeinigen Stars auf den Rennbahnen und Turnierplätzen.

→ Pferdefreunde achten daher auf den **besonderen Wert jedes einzelnen Pferdes** – einen Wert, der sich nicht in Geldbeträgen ausdrücken läßt.

Das 1 x 9 der Pferdefreunde – These 5
Unsere gemeinsame Geschichte

Zwischen Pferden und Menschen besteht seit Tausenden von Jahren eine enge Verbindung. Wir Pferdefreunde sind bereit, vom enormen Wissen früherer Zeiten und fremder Kulturen über Pferde zu lernen – auch du.

Seit **Tausenden von Jahren** dienen Pferde den Menschen zum Reiten, zum Schleppen schwerer Lasten und zum Ziehen von Wagen oder Ackergeräten. Bis zur Erfindung von elektrischen Maschinen, Autos und Traktoren waren Pferde damit die **wichtigsten Tiere** für uns Menschen.

Pferde in der Geschichte

Die **allerersten Begegnungen** zwischen Menschen und Pferden liegen im Dunkel jener frühen Zeit verborgen, über die es keine schriftlichen Zeugnisse gibt. Aber schon die geheimnisvollen uralten Felszeichnungen in südfranzösischen Höhlen sind voller tanzender, flüchtender Pferde. Niemand weiß, wann Menschen zum ersten Mal Pferde nicht nur **gejagt**, sondern auch **gezähmt** und **geritten** haben.

Tip

→ Wenn du das nächste Mal in ein Museum kommst, zähle einmal die Pferde, die du dort auf Bildern und Kunstgegenständen findest!

Berühmte Pferdefreunde

Aber seitdem Pferde als **Haustiere** gehalten werden, haben sich Menschen den Kopf darüber zerbrochen, wie man sie am besten halten, behandeln und ausbilden kann. Eine der frühesten Reitlehren, die wir heute noch kennen, schrieb der Grieche **Xenophon** rund 350 Jahre vor Christi Geburt. Der biblische König **Salomo** galt als großer Pferdefreund. **Alexander der Große**, der zu Pferd ein ganzes Weltreich eroberte, liebte seinen Bukephalos so sehr, daß er eine Stadt nach ihm benannte – sie liegt heute in Indien.

Der Prophet **Mohammed** war ein großer Pferdeliebhaber und Züchter. Von ihm wird eine schöne Legende erzählt: Einmal hatte er über hundert Stuten mehrere Tage lang in der Wüstenhitze ohne Wasser in einen Pferch gesperrt. Als er die Pferde endlich freiließ, stürmten sie zur Wasserstelle. Da ließ der Prophet sein gewohntes Trompetensignal hören. Fünf Stuten drehten um und kehrten zurück – ihr Gehorsam war stärker als ihr Durst. Diese fünf Stuten begründeten die fünf edelsten Pferdefamilien der **Araberzucht**.

Aus alten Zeiten und fernen Ländern

Die großen Reitmeister vergangener Jahrhunderte haben uns ihr **Wissen** über die **Ausbildung** von Pferden hinterlassen. Aber auch in fremden Ländern wurden die besonderen Talente der Pferde entdeckt und gefördert. **Cowboys** und **Indianer** zähmten die halbwilden Mustangs, verwilderte Nachkommen jener spanischen Pferde, die Columbus bei der Entdeckung Amerikas auf seinen Schiffen mitgebracht hatte. **Reiterregimenter** auf der ganzen Welt trainierten nicht nur für kriegerische Aktionen, sondern auch für Sport und Spiel. Noch heute berufen sich **Turnierreiter** in aller Welt auf die Lehren der ehemaligen deutschen Kavallerieschule in Hannover.

Gesammeltes Wissen

Viele Jahrhunderte lang ist das Wissen über Pferde zusammengetragen worden – viel mehr, als ein einziger Mensch in seinem Leben **erfahren** und **ausprobieren** kann.

→ Pferdefreunde versuchen, von diesem **Wissen** zu **profitieren**.

Das 1 x 9 der Pferdefreunde – These 6
Pferde sind gute Lehrer

Pferde spüren Ungeduld und Unbeherrschtheit. Sie belohnen Freundlichkeit und Geduld. Wir Pferdefreunde lernen gern von unseren Pferden – auch du.

Wer mit Pferden umgehen oder sie reiten lernen will, muß sich ein ganz **spezielles Wissen** aneignen. Aber Wissen allein genügt nicht: Pferdefreunde müssen bereit sein, sich auf ihren **Partner Pferd einzustellen**.

Tip

→ Beobachte, wie vorsichtig und zögernd ein Pferd mit einer neuen Situation Bekanntschaft macht. Lerne du selbst daraus, ein Pferd, das etwas Neues lernen soll, geduldig und einfühlsam zu behandeln!

Der Charakter der Pferde

Jedes Pferd ist eine einmalige, unverwechselbare **Persönlichkeit** mit ganz bestimmten **inneren** und **äußeren Eigenschaften**. Darüber hinaus gibt es innere Eigenschaften und Charakterzüge, die allen Pferden gemeinsam sind. Dazu gehören die angeborenen Verhaltensweisen, die sogenannten **Instinkte**, ebenso wie Intelligenz, Leistungsbereitschaft oder Sensibilität. Oft sind bestimmte innere Eigenschaften bei einer Pferde- oder Ponyrasse ganz besonders ausgeprägt: Shetlandponys gelten als gewitzt, Haflinger als gutmütig, Vollblüter als leicht erregbar und leistungsbereit, Kaltblüter als gelassen und ruhig, Araber als sensibel und besonders menschenfreundlich...

Allen Pferden ist gemeinsam, daß sie **freundlich** und **friedliebend** auf uns Menschen zugehen. Der Fluchtinstinkt rät ihnen, im Zweifelsfall ihr Heil in der Flucht zu suchen – so gehen Pferde Auseinandersetzungen möglichst aus dem Weg. Sie sind eher **ängstlich** als unerschrocken – aber auch **neugierig**, **intelligent** und **lernbereit**. In aller Ruhe lassen sie sich an Situationen **gewöhnen**, vor denen sie anfangs Angst haben.

Pferde klären ihre Auseinandersetzungen schnell und direkt – zum Beispiel die Frage, wer der Stärkere ist. Aber sie kämpfen nicht heimtückisch. Pferde verstellen sich nicht. Sie sind **geradlinig** und **unbestechlich**.

Pferde sind Gewohnheitstiere, die an einmal eingeübten Gewohnheiten hartnäckig festhalten – ganz besonders dann, wenn sich damit angenehme Erfahrungen verbinden.

Aber genauso schnell lernen Pferde auch aus **schlechten Erfahrungen**. Wenn ein Pferd mit einer bestimmten Situation – zum Beispiel mit dem Anbinden, dem Anziehen des Sattelgurtes, dem Aufsitzen des Reiters, mit dem Hufschmied oder dem Tierarzt – unangenehme Erfahrungen gemacht hat, wird es sich hartnäckig weigern, diese Erfahrungen zu wiederholen.

Von Pferden lernen

Um Pferde gut zu behandeln, reicht es nicht aus, sie zu versorgen oder zu streicheln. Weil Pferde sensibel, erregbar und ängstlich sind, brauchen sie einen feinfühligen, geduldigen Umgang. Streß, Nervosität und Hektik, die wir Menschen mit in einen Pferdestall bringen, übertragen sich sofort auf die Tiere. Pferde lehren uns, bei neuen Anforderungen **geduldig** und **gelassen** zu bleiben. Wer als Pferdefreund gelten will, braucht **Selbstbeherrschung** und **Selbstkritik**. Mit Freundlichkeit und Geduld kann es gelingen, das große **Vertrauen** der Pferde zu erhalten. Denn Pferde sind treu – auch das lehren sie uns.

Das 1 x 9 der Pferdefreunde – These 7
Pferde und Menschen müssen miteinander lernen

Pferde und Menschen brauchen für den gemeinsamen Sport eine gute Ausbildung, die nie aufhört.

Das wichtigste Ziel für uns Pferdefreunde ist die harmonische Verständigung mit dem Pferd – auch für dich.

Tip

→ Ein gut ausgebildetes Pferd ist der beste Reitlehrer. Daher sollte dein erstes eigenes Pferd ein gut ausgebildetes Lehrpferd sein!

Ein Pferd, das **geritten** werden soll, muß zuvor dafür **ausgebildet** werden.

Ein Reiter, der **reiten** möchte, muß zuvor **reiten lernen**. Das klingt wie eine überflüssige Selbstverständlichkeit – und doch kommen viele Störungen der **Harmonie** zwischen Mensch und Pferd daher, daß diese beiden Grundsätze nicht beachtet werden.

Die Verständigung mit dem Pferd

Pferd und Reiter brauchen eine gemeinsame **Sprache**, in der sie sich verständigen können. Dieser Grundsatz gilt für **alle Reitweisen** – für die klassische Dressurreiterei ebenso wie für das Springen, für das Spazierengehen im Gelände genauso wie für das Westernreiten, für die Arbeit mit Isländern genauso wie für das Training von Rennpferden.

Die Ausbildung der Pferde

Die wichtigste Basis dieser gemeinsamen Sprache sind die **Hilfen** des Reiters, mit denen er das Pferd **antreibt**, **Gangart** und **Richtung** bestimmt und schließlich wieder **durchpariert**. Fein abgestimmt, bieten diese Hilfen eine faszinierend gute Grundlage für die Harmonie zwischen Pferd und Reiter.

Aber Pferde müssen erst **lernen**, diese **Reiterhilfen** zu verstehen und ihnen zu **gehorchen**. Es leuchtet ein, daß nur ein Reiter, der diese Sprache sehr gut beherrscht, sie auch **lehren** kann. Nur ein **guter Reiter** mit genügend Erfahrung kann ein **junges Pferd** ausbilden.

→ An einem gut ausgebildeten Pferd kann ein Reiter viele Jahre lang Freude haben.

Die Reitausbildung

Im Schritt, im Trab und im Galopp auf einem Pferd zu sitzen und nicht herunterzufallen, ist leichter, als du vielleicht denkst. Aber richtig reiten zu lernen, ist schwieriger, als du vielleicht denkst.

Um ein **guter Reiter** zu werden, brauchst du nicht so viel Kraft, Gelenkigkeit und Ausdauer wie in vielen anderen Sportarten. Aber du brauchst ein außerordentliches Gefühl für dein **Gleichgewicht**, für die **Reaktionen** des Pferdes und für die Antworten deines eigenen **Körpers** auf die Pferdebewegung.

Die harmonische Verständigung mit dem Pferd lebt in allererster Linie von der **Balance** zwischen Pferd und Reiter. Alle deine eigenen großen und kleinen Bewegungen mußt du bei jedem Schritt von neuem auf die Bewegungen des Pferdes einstellen. Erst, wenn dir das gelingt, sieht dein Reiten **harmonisch** aus. Eine gute Reitausbildung dauert viele Jahre! Sie wird dir nur Spaß machen, wenn es dir überhaupt Spaß macht, zu lernen.

→ Nur bei einem **Lehrer**, dem du vertraust und in einer Umgebung, in der du dich wohl fühlst, kannst du **Fortschritte** machen.

Ein Leben lang lernen

Für gute Reiter **hört** das **Lernen** eigentlich **nie auf**. Denn wer nicht mehr lernt, wird unaufmerksamer, weniger selbstkritisch, weniger anspruchsvoll.

Gute Reiter bemühen sich nicht immer um etwas **Neues**, aber immer wieder **neu** um dieselben Dinge. Auch Spitzenreiter brauchen den prüfenden Blick in den Spiegel, stellen sich regelmäßig den kritischen Augen eines Trainers. Aber du siehst ihnen an: **Lernen** mit Pferden macht **Spaß**!

Das 1 x 9 der Pferdefreunde – These 8 Leistungen dürfen nicht erzwungen werden

Pferde verfügen über unterschiedliches Talent und Leistungsvermögen.

Wir Pferdefreunde respektieren die natürlichen Grenzen eines Pferdes und beeinflussen seine Leistungsfähigkeit nicht durch Gewalt, Zwang und Medikamente – auch du nicht.

Pferde können erstaunliche **Leistungen** vollbringen. Sie sind etwa siebenmal so schwer wie ein Erwachsener und mindestens siebenmal so stark. Sie haben ganz besonders gute **Lungen** und können viel ausdauernder laufen als ein Marathonläufer. Pferde können hohe Dressur oder Zirkuskunststückchen lernen. Winzige Shetlandponys tragen Lasten, die genauso schwer sind wie sie selbst. Vollblüter in Galopprennen und Isländer im Rennpaß erreichen Geschwindigkeiten von über 60 Kilometern in der Stunde. Vielseitigkeitspferde überwinden ganz selbstverständlich schwierigste feste Geländehindernisse. Jedes Pferd hat irgendein besonderes Talent – du mußt es nur herausfinden!

Tip

→ **Überlege selbstkritisch: Wo sind deine eigenen reiterlichen Grenzen? Oft genug liegt es am Reiter, wenn ein Pferd die geforderte Leistung nicht erbringt.**

Talente und Grenzen

Aber das **Leistungsvermögen** der Pferde ist **nicht unbegrenzt**. Jedes Pferd bringt – wie auch jeder Reiter – bestimmte Talente, aber auch bestimmte **Schwächen** mit. Wer ein Pferd besonders gern hat, tut sich manchmal schwer daran, diese Schwächen zu erkennen. Es können sogenannte Gebäudefehler sein: Besonderheiten im Körperbau des Pferdes, die dafür verantwortlich sind, daß ihm bestimmte Übungen schwerfallen. Es können angeborene Bewegungen sein, die seine Eignung zum Beispiel für das Ausführen schwieriger Dressurlektionen oder für das Springen über hohe Hindernisse begrenzen.

Auch unter Pferden gibt es **sportliche Talente** – und solche, die sich lieber mit gemütlichen Aufgaben zufriedengeben. Manche Pferde lieben den Wettkampf und die Herausforderung, für andere ist und bleibt **Turnierreiterei** ein überflüssiger Streß.

→ Pferdefreunde nutzen nicht nur die Talente eines Pferdes aus, sondern respektieren auch dessen Grenzen.

Die **Grundausbildung** eines Reitpferdes, sozusagen das Kleine Einmaleins der Reiterei, kann und soll jedes Pferd lernen. Aber nicht jedes Pferd ist ein geborener **Turniersieger**!

Die richtigen Ziele

Das **Leistungsvermögen** eines Pferdes hängt nicht allein von seinem Talent ab. Dafür spielen Ausbildung und Erfahrung, Trainingszustand, Gesundheit, Wetter und Tagesform eine Rolle.

Um ein Pferd **gesund** und **leistungsfähig** zu erhalten, reicht es nicht aus, ein einziges Mal zu überlegen, welche Möglichkeiten und Grenzen in ihm stecken.

Pferdefreunde stellen diese Frage auch bei der täglichen Arbeit immer wieder neu. Das **Ziel** jeder einzelnen Reitstunde oder jedes Rittes muß richtig gesteckt sein. Es paßt nur dann, wenn es **ohne Gewalt** oder die Anwendung unfairer Mittel erreicht werden kann.

Ohne Rücksicht auf Verluste?

Manchmal ist **reiterlicher Ehrgeiz** stärker als Einfühlungsvermögen und Selbstbeherrschung. Aber mit Gewalt und Quälerei lassen sich nur kurzlebige Erfolge erzwingen. Der Preis dafür ist hoch: Pferde können gesundheitliche Schäden nehmen. Auf jeden Fall aber **verlieren** sie das **Vertrauen** zum Reiter.

→ Ein Pferdefreund gibt **Medikamente** ausschließlich mit dem Ziel, die **Gesundheit** des Pferdes zu verbessern. Mittel zur künstlichen kurzfristigen Leistungssteigerung sind auf Turnieren verboten; für einen Pferdefreund sind sie tabu.

Das 1 x 9 der Pferdefreunde – These 9 Das Recht auf ein würdiges Lebensende

Pferde haben ein kürzeres Leben als Menschen. Auch am Lebensende lassen wir Pferdefreunde unser Pferd nicht im Stich und ersparen ihm unnötige Angst, Schmerzen und Qualen – auch du.

Ein **Pferdeleben** dauert längst nicht so lange wie ein **Menschenleben**. Pferde erreichen ein Alter von Mitte bis Ende zwanzig, einige wenige werden über dreißig. Ponyrassen sind besonders langlebig.

Abschied nehmen

Wer Pferde kennenlernt, der muß auch lernen, von Pferden **Abschied** zu **nehmen**. Pferde sind liebenswerte Tiere. Mit ihrer Sanftheit, Freundlichkeit und Geduld, aber auch ihrer Leistungsbereitschaft sind sie uns stets faire, unbestechliche Partner. Viele Pferde werden von ihren Besitzern, Reitern, Trainern geliebt. Es fällt nicht leicht, sich von einem Pferd zu trennen, das man gern hat.

In Ehren alt werden

Das **Lebensalter** der Pferde läßt sich ungefähr in folgende Abschnitte einteilen:

- **Fohlen** lernen bis zum dritten Lebensjahr spielerisch, was sie fürs Pferdeleben wissen müssen.
- **Junge Pferde** werden ab dem vierten Lebensjahr vorsichtig ausgebildet; Hochleistungspferde bis zu fünf Jahre lang.
- Zwischen dem zehnten und fünfzehnten Lebensjahr erreichen Pferde den **Höhepunkt** ihrer **Leistungsfähigkeit**.
- **Ältere Pferde** sind erfahrene, aber schonungsbedürftige Partner.
- Wenn Pferde Anfang bis Mitte zwanzig Jahre alt werden, haben sie sich das **Gnadenbrot** verdient.

Am Lebensende

Der schwerste Abschied von einem Pferd ist der am **Ende** seines **Lebens**.

Wenn ein Pferdeleben schon zu Ende gehen muß, so wünschen wir dem Pferd einen natürlichen Tod. Wir wünschen ihm, daß es am Ende eines langen, erfüllten Lebens auf der Koppel friedlich einschlafen darf. Leider können nicht alle Pferde einen solchen Tod erleben. Es gibt unheilbare Erkrankungen, unter denen Pferde so leiden müssen, daß ihnen jeder Schritt oder jeder Atemzug zur Qual wird. Die häufigsten unheilbaren Erkrankungen betreffen:

- die Pferdehufe
- die Gelenke der Beine
- den Rücken
- die Lunge

In einem solchen Fall muß ein Pferdebesitzer mit dem Tierarzt besprechen, ob eine Verlängerung des Lebens für ein Pferd nicht unnötige Qual bedeutet. Das ist eine sehr schwere, **verantwortungsvolle Entscheidung**. Aber niemand, der ein Pferdefreund sein will, darf sich davor drücken!

In unserem Land sind verschiedene Methoden üblich, das **Leben** eines Pferdes **künstlich** zu **beenden**. Der Tierarzt kann das Pferd mit einer Spritze **einschläfern**. Beim Pferdemetzger wird das Pferd mit einem Bolzenschußapparat in Sekundenschnelle getötet.

→ Pferdefreunde lassen ihr Pferd auf dem letzten Weg nicht allein.

Die natürlichen Eigenschaften der Pferde Fluchttier, Lauftier, Herdentier

Auf der Weide zuhause

Wenn Pferde sich wünschen dürften, wo sie leben, dann würden sie sich eine große **Koppel** aussuchen – mit

genügend Futter, klarem, sauberem Wasser, Schutz vor praller Sonne, scharfem Wind, hartnäckigem Regen, nassem Schnee und aufdringlichen Insekten.

→ **Alle Pferde**, ob jung oder alt, robustes Pony oder empfindliches Großpferd, fühlen sich auf der **Weide** wohl.

Tip

→ **Beobachte frei laufende Pferde und versuche zu erkennen, welches von ihnen den höchsten Rang einnimmt.**

Wie ihre Vorfahren in der Steppe

Eine weitläufige Koppel erinnert am ehesten an den **natürlichen Lebensraum**, in dem die **wild lebenden Vorfahren** unserer heutigen Pferde früher einmal zuhause waren.

Von ihren Vorfahren, den Wildpferden, haben unsere heutigen Reitpferde ihre **natürlichen Eigenschaften** geerbt. Und wenn Pferde auch wahre Meister darin sind, sich uns Menschen anzupassen, so gibt es doch viele Situationen, in denen sie sich nur von ihren **Instinkten** leiten lassen. Wer das **Verhalten** der Pferde verstehen will, muß sich vorstellen können, wie Wildpferde in der Steppe gelebt haben.

Laufen in der großen Weite

Pferde brauchen **viel Bewegung** und **wenig Schlaf**. Für so große und starke Tiere ist es gar nicht einfach, **genügend Nahrung** aufzunehmen. Wild lebende Pferde grasen bis zu 20 Stunden am Tag. Auf dem täglichen Weg zum Wasser und auf der Suche nach neuen Futterplätzen legen Pferde mühelos **große Entfernungen** zurück.

Das Leben in der Pferdeherde

Pferde sind **Herdentiere**. Wildpferde schließen sich in lebhaften Großfamilien zusammen. Die größte Autorität hat der **Leithengst**. Ihm zur Seite steht die erfahrenste Stute, die **Leitstute**. Zur

Herde gehören aber nicht nur weitere Stuten mit ihren Fohlen, sondern auch Jungtiere und andere Pferdefamilien.

Einer nach dem anderen

Für die innere Ordnung in einer Pferdeherde ist es wichtig, daß eine feste **Rangordnung** besteht. Leithengst und Leitstute stehen an der Spitze dieser Rangordnung. Sie dürfen als erste ans Wasser oder zum begehrten Futterplatz. Fohlen lernen im spielerischen Kampf, wie man sich in Streitigkeiten um die Rangordnung behauptet.

Pferde kämpfen für ihre Position in der Rangordnung nicht um Leben und Tod! Wer aufgibt und zurückweicht, wird geschont.

→ Als Mensch mußt du in der **Rangordnung** deutlich **über dem Pferd** stehen. Nur so probiert es nicht aus, wer der Stärkere ist.

Pferdefreunde, Pferdefeinde

Alle Pferde fühlen sich nur in Gemeinschaft mit anderen Pferden wohl und sicher. Sie schließen **Freundschaften** und pflegen **Feindschaften**. Zwei Pferde, die miteinander auf dieselbe Weide dürfen, müssen erst einmal abklären, wer in der Rangordnung weiter oben steht. Wenn es nach den Pferden ginge, würden sie das sogar mitten in der Reitstunde tun!

→ Halte deswegen beim gemeinsamen Reiten immer genügend **Abstand**.

Nichts wie weg

Pferde sind friedliebende Tiere. Sobald ihnen Gefahr droht, suchen sie ihr Heil in der **Flucht**. Sie setzen ihre **Waffen**, ihre **Hufe** und **Zähne**, nur ein, wenn sie nicht mehr flüchten können.

→ Das Weglaufen bei Gefahr nennt man in der Reitersprache **Scheuen**.

→ Du kannst es einem Pferd nur abgewöhnen, indem du es behutsam mit einer neuen Situation vertraut machst.

Die lautlose Pferdesprache: Wie Pferde miteinander sprechen – wie wir mit Pferden sprechen können

Tip

→ Wenn du den Gesichtsausdruck eines Pferdes deuten möchtest, dann schau ihm in die Augen. Angst, Aufregung oder Wut spiegeln sich darin deutlich wider.

Leise Tiere

Pferde sind leise Tiere. Ihr helles **Wiehern** ist selten zu hören, meist nur, wenn sie aufgeregt sind. Aber sie verfügen über eine Reihe anderer Laute:

- mit zufriedenem **Prusten** zeigen Pferde an, daß sie sich unter dem Reiter wohl fühlen.
- mit leisem **Schnauben** oder **Schnobern** (das sich wie geflüstertes Wiehern anhört) begrüßen Pferde bekannte Stallgenossen, den Futterwagen und vielleicht sogar dich.
- Mit drohendem **Quietschen** reagieren Pferde auf unerwünschte Annäherungen eines Artgenossen.
- Selten zu hören, aber beeindruckend ist das **Kampfgebrüll** der Hengste.
- **Schmerzenslaute** haben Seltenheitswert – Pferde ertragen Schmerzen geduldig und stumm.

Die Sprache der Pferde

→ Für die **Verständigung** benutzen die Pferde in erster Linie ihren **Gesichtsausdruck**, ihre **Körperhaltung** und **Bewegung**.

Am deutlichsten läßt sich der **Gesichtsausdruck** eines Pferdes am **Ohrenspiel** ablesen. Normalerweise halten Pferde ihre Ohren leicht nach vorn gestellt. Deutlich nach vorn gespitzte Ohren zeigen, daß das Pferd sich für etwas Bestimmtes interessiert. Nach hinten flach angelegte Ohren sind eine klare **Drohung**. Ein lebhaftes Ohrenspiel in verschiedene Richtungen verrät gutgelaunte Aufmerksamkeit.

Ein interessiertes Pferd schaut dich mit großen Augen und gespitzten Ohren freundlich an.

Ein erregtes Pferd wölbt den Hals, bläht die Nüstern und reißt die Augen weit auf.

Ein ängstliches Pferd weicht zurück, hat ein furchtsames Auge und lauscht auf die Gefahr.

Ein drohendes Pferd legt die Ohren flach an und kneift Augen und Nüstern zusammen.

Verkrampfte Ohren deuten auf Angst und Unsicherheit hin.

Genauso sprechend wie ihr Gesichtsausdruck ist aber auch die **Körperhaltung**. An der Art, wie sich ein Pferd bewegt, läßt sich direkt ablesen, ob es angespannt oder verkrampft, gut gelaunt und freundlich oder aggressiv ist, ob es im nächsten Augenblick kämpfen oder spielen will.

Pferde verständigen sich sozusagen auf den **ersten Blick**: Sie verstehen auch **ohne Worte**, was ihr vierbeiniger Partner im Sinn hat.

Mit Pferden sprechen

Wenn wir selbst mit Pferden sprechen, achten Pferde nicht nur auf unsere **Stimme**, sondern auch auf unsere **Körperhaltung**. Pferde durchschauen uns dabei überraschend schnell.

→ Sprich mit ruhiger, tiefer Stimme zu Pferden. Sie können Geschrei und schrille Stimmen nicht leiden.

→ Achte auf deine eigene Körperhaltung. Sie verrät dem Pferd sofort, ob du selbstbewußt, konzentriert oder ängstlich bist.

Die beste Haltung
Licht, Luft und Kontakt zu anderen Pferden

Unterschiedlichste Ställe

Pferdeställe können sehr verschieden aussehen. Verschiedene Stallformen bieten Vor- und Nachteile:

- In Einzelboxen sind Pferde besonders sicher untergebracht. Sie können ohne Zeitverlust gepflegt, bewegt und gearbeitet werden. Diese Haltungsform ist besonders für Sportpferde üblich.
- Laufställe sind mehrfach so groß wie eine Einzelbox. Hier haben Pferde mehr Platz und Gesellschaft. Oft werden Stuten mit ihren Fohlen, aber auch heranwachsende Fohlen gemeinsam in einem Laufstall untergebracht.
- In einem Offenstall gibt es keine Türen. Pferde können direkt aus einem Auslauf oder einer Weide in einem Stall Schutz suchen – ganz wie sie wollen. Robust gehaltene Pferde können das ganze Jahr über draußen sein.

Tip

→ Auch im Winter brauchen Pferde Bewegung an frischer Luft.

- Vom Frühjahr bis Herbst können Pferde Tag und Nacht auf der **Weide** leben; dann brauchen sie passende Bäume und Sträucher oder einen **Unterstand,** der ihnen Schutz vor Sonne, Regen, Wind und Insekten bietet.
- Ein **Auslauf** oder **Paddock** mit wetterfestem Boden bietet einem oder mehreren Pferden die Gelegenheit, sich ungehindert zu bewegen.

Licht, Luft und andere Pferde

Für ihr Wohlbefinden und ihre Gesundheit brauchen Pferde viel frische **Luft** und viel **Sonnenlicht**. Nachbarpferde müssen miteinander **Kontakt** aufnehmen können.

→ Ein Pferd sollte niemals einzeln gehalten werden!

Eine Box von innen

Eine **Pferdebox** soll zweckmäßig und sicher eingerichtet sein. Dazu gehören

- **glatte Innenwände** ohne herausstehende Ecken, Kanten und Nägel, an denen sich ein Pferd verletzen kann
- eine splittersichere **Krippe**
- eine **Selbsttränke** (andernfalls muß regelmäßig frisches **Wasser** angeboten werden)
- saubere, trockene, möglichst staubfreie **Einstreu** (Stroh oder Späne).

Bewegung an frischer Luft

Auch die schönste und größte Pferdebox ist ein Käfig. Zum Ausgleich für das Stehen in der Box brauchen Pferde die tägliche **Arbeit**, das Reiten. Entspannen können sie bei zusätzlicher leichter **Bewegung**: auf der Koppel, im Auslauf, beim Spazierenführen oder gemütlichen Ausritt.

Gesunde Fütterung
Futtersorten, Mahlzeiten und Portionen

Futtersorten

Pferde sind **Grasfresser**. Ihre Verdauungsorgane sind darauf eingerichtet, daß sie den ganzen Tag Futter aufnehmen. **Weidepferde** können bei genügend großer Weidefläche vom **Gras** allein leben.

Werden Pferde im Stall gefüttert, dann ist es wichtig, auf ihre empfindliche **Verdauung** Rücksicht zu nehmen. Auf Seite 34 wird erklärt, daß Pferde einen kleinen Magen haben. Sie dürfen nicht zu große Futterportionen auf einmal bekommen.

Tip

→ Direkt vor und nach dem Reiten solltest du ein Pferd nicht tränken. Biete einem erhitzten Pferd erst Wasser an, nachdem es sich abgekühlt hat.

→ In einem Pferdestall muß mindestens dreimal am Tag gefüttert werden.

Die wichtigsten **Futtersorten** für Pferde sind:

- **Rauhfutter** (Heu und Stroh)
- **Kraftfutter** (Hafer, Pellets, Mischfutter, Gerste, Mais)
- **Saftfutter** (Gras, Mohrrüben, Futterrüben, Zuckerrüben)
- **Ergänzungsfutter** (Vitamine und Mineralien).

→ Als **Belohnungsfutter** kannst du einem Pferd kleingeschnittene Äpfel und Möhren, getrocknetes Brot oder spezielle Leckerlis geben.

Die täglichen Rationen

Wie groß die täglichen **Futterrationen** für ein Pferd sein müssen, richtet sich nach der **Arbeit**, die es tun muß, sowie nach seinem **Futter** und **Trainingszustand**. Die richtige Fütterung erfordert viel Erfahrung.

Dieses Pferd ist zu fett.

Eine alte **Fütterungsregel** sagt: Ein Großpferd, das schwer arbeitet, braucht am Tag

- 10 Pfund Hafer
- 10 Pfund Heu
- 10 Pfund Stroh.

Aber diese Faustregel gilt längst nicht für alle Pferde. Zum Beispiel kommen kleinere Pferde, Robustrassen und Ponys mit viel **weniger Kraftfutter** aus.

Dieses Pferd ist zu mager.

Dieses Pferd ist richtig gefüttert.

➔ Die Zusammenstellung von Futterrationen ist Aufgabe eines **Fachmannes**.

Lieber zu wenig als zu viel

Damit ihre Verdauung funktioniert, brauchen Pferde **genügend Rauhfutter**.

Aber Pferde vertragen eher zu knappes als zu üppiges Futter. Vor allem bei der Gabe von Kraftfutter ist Vorsicht geboten.

Zu viel Kraftfutter macht ein Pferd übermütig, schlimmstenfalls krank.

Nicht umsonst gibt es den Spruch: „Den sticht der Hafer!“

Falsche Fütterung kann Kolik (Bauchschmerzen) und **Eiweißvergiftung** (Hufrehe) hervorrufen. Beides sind schwere, gefährliche Erkrankungen, die unbedingt vom **Tierarzt** behandelt werden müssen.

Wasser satt

Pferde können eine Zeitlang ohne Futter auskommen, aber nicht ohne **Wasser**. Je nachdem, wie kalt oder warm es ist und wieviel sie arbeiten müssen, saufen sie 20 bis 50 Liter am Tag.

Viele Pferde können sich heutzutage an der Selbsttränke bedienen. Wo keine Tränke eingebaut ist, muß ihnen viermal am Tag **frisches Wasser** angeboten werden.

➔ Denke daran, daß ein Pferd besonders viel Durst bekommt, nachdem es sein Rauhfutter aufgefressen hat.

Pferderassen und Zuchtgebiete
Reitpferde aus Deutschland

Pferderassen lassen sich in drei Gruppen einteilen:

- Kaltblüter
- Warmblüter
- Vollblüter

Heutzutage gibt es nur noch wenige Kaltblutrassen. **Kaltblüter** sind die großen, schweren Arbeitspferde, die schwere Lasten ziehen können. Seit die Feldarbeit von Traktoren erledigt wird, werden nicht mehr viele Kaltblüter gezüchtet.

Vollblüter sind Spezialrassen, die für eine bestimmte Verwendung gezüchtet werden. **Englische Vollblüter** sind die schnellsten Pferde der Welt. Bei Galopprennen treten sie gegeneinander an. **Traber** sind Vollblüter, die speziell für Trabrennen vor einem leichten Wagen, dem Sulky, gezüchtet werden.

Tip

Versuche, an Pferden, die du kennst, die Brandzeichen zu erkennen. Brände kommen auch an der linken Halsseite und in der Sattellage vor.

Arabische Vollblüter gehören zu den ältesten Pferderassen. Für viele Menschen sind diese zierlichen Pferde mit den edlen Köpfen die schönsten Pferde der Welt.

Warmblüter werden seit Jahrhunderten in Deutschland systematisch gezüchtet. Alle einheimischen Zuchtgebiete haben sich auf ein **gemeinsames Ziel** geeinigt, nämlich das **Deutsche Reitpferd**. Deutsche Reitpferde sind für alle Sparten des heutigen Pferdesports geeignet.

Zuchtgebiete und Brände

Auf der großen Karte findest du die **Zuchtgebiete**, in denen das Deutsche Reitpferd gezüchtet wird. Die **Zuchtverbände** stellen für jedes Fohlen, das von Eltern abstammt, die in diesem Verband eingetragen sind, einen **Abstammungsnachweis** aus. Man nennt ihn auch die **Papiere** eines Pferdes.

Jedes Zuchtgebiet hat sein eigenes **Brandzeichen**. Pferden aus diesem Zuchtgebiet wird dieses Brandzeichen zusammen mit einer **Nummer** auf dem linken Hinterschenkel eingebrannt. Alle Brandzeichen werden in den Papieren eines Pferdes eingetragen.

Haupt- und Landgestüte

In vielen der großen Zuchtgebiete in Deutschland gibt es **staatliche Gestüte**. Du solltest dir die Gelegenheit zu einem Besuch dort nicht entgehen lassen! Ein ganz besonderes Erlebnis sind die im Herbst stattfindenden **Hengstparaden**. Die staatlichen Gestüte sind:

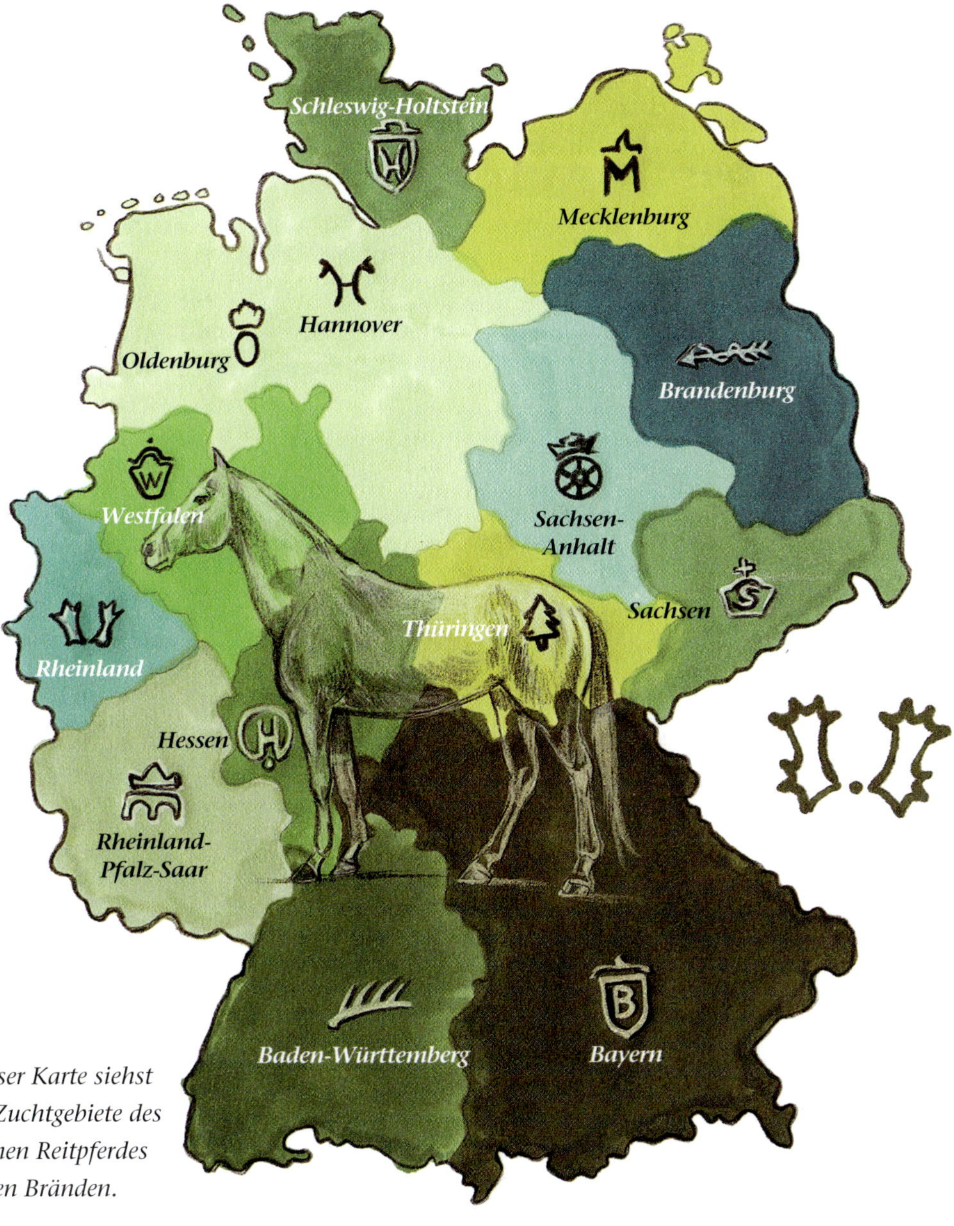

Auf dieser Karte siehst du die Zuchtgebiete des Deutschen Reitpferdes mit ihren Bränden.

Trakehner werden in ganz Deutschland gezüchtet.

- **Warendorf** (Westfalen),
- **Celle** (Niedersachsen),
- **Dillenburg** (Hessen),
- **Marbach** (Baden-Württemberg),
- **Zweibrücken** (Rheinl.-Pfalz-Saar),
- **Schwaiganger** (Bayern),
- **Neustadt/Dosse** (Brandenburg),
- **Radegast** (Sachsen-Anhalt),
- **Moritzburg** (Sachsen),
- **Redefin** (Mecklenburg).

Kleine Pferde aus ganz Europa
Die wichtigsten Ponyrassen

Pferd oder Pony?

Ponys sind **kleine Pferde**. Der Unterschied zwischen Pferd und Pony wird hierzulande mit dem Zentimetermaß gemessen.
→ Pferde unter **148 cm** Höhe (gemessen vom Boden bis zum Widerrist) gelten als **Ponys**.

Tip

→ Auch wenn ein Pony besonders niedlich ist – nimm es ernst! Ponys brauchen fachgerechten Umgang und gute Ausbildung, genau wie Großpferde.

Diese Einteilung täuscht darüber hinweg, daß viele Ponyrassen genauso leistungsfähig sind wie Großpferde.

Viele Ponys eignen sich als **Reittiere für Erwachsene**, sind ausgesprochen leistungsstarke **Zugtiere**, **springen** im Verhältnis zu ihrer Körpergröße über schwindelerregend hohe Hindernisse und sind an **Ausdauer** ihren größeren Kollegen oft überlegen. Einige Ponyrassen eignen sich besonders als **Reitpferde für Kinder**.

Von der Küste und aus dem Gebirge

Im Norden Europas wuchsen unter rauhem Klima ganz besondere Ponyrassen heran. Die kleinsten unter ihnen, die **Shetlandponys**, stammen

Deutsches Reitpony

Haflinger

Welsh-Pony

von windumtosten Inseln an der Nordküste Schottlands. Es sind gewitzte, kluge, langlebige und gutmütige kleine Ponys, nicht viel höher als ein Meter.

Jahrhundertelang lebten die **Islandponys** auf der nordischen Insel streng von der Außenwelt abgetrennt. Dort entwickelte sich eine außerordentlich robuste, leistungsfähige und ausdauernde Rasse. Vielen Islandponys sind neben Schritt, Trab und Galopp auch noch weitere Gangarten angeboren, der **Paß** und der **Tölt**.

Unverwechselbar durch ihre Falbenfarbe und ihre zweifarbige Mähne sind die **Norweger** oder **Fjordpferde**. Als gutmütige Reit- und Kutschpferde sind sie besonders beliebt.

Das gleiche gilt für die freundlichen und unkomplizierten **Haflinger**, allesamt Füchse mit hellen Mähnen- und Schweifhaaren. Sie stammen aus den Tiroler Bergen und sind menschenfreundlich, trittsicher und genügsam.

In England wurden zuallererst kleine Ponys systematisch gezüchtet. **Welsh-Ponys** gibt es in vier verschiedenen Größen, passend für unterschiedliche Reiter vom Kind bis zum Erwachsenen.

Ponys aus Deutschland

Alle obengenannten Ponyrassen werden auch bei uns in Deutschland gezüchtet. Aber es gibt auch einheimische Rassen.

Dülmener Wildpferde gelten als die letzten bei uns wild lebenden Ponys. Diese Herde lebt im Merfelder Bruch in der Nähe von Münster. Einmal im Jahr werden die überzähligen Jährlingshengstfohlen eingefangen und verkauft. Ein Dülmener Wildpferd muß man behutsam zähmen; dann kann es ein gutes Kinderpony werden.

Deutsche Reitponys sehen aus wie Pferde im Kleinformat. Sie können anspruchsvolle sportliche Leistungen erbringen, aber sie eignen sich meist nicht für Anfänger.

Auf Zehenspitzen laufen
Der besondere Körperbau der Pferde

Pferde werden in der Biologie auch als **Zehenspitzengänger** bezeichnet. Daß sie tatsächlich auf ihren Zehenspitzen laufen, kannst du in der großen Zeichnung sehen. Auf diesem Bild kannst du das **Skelett** des Pferdes mit deinem eigenen vergleichen. Zum Beispiel gehören alle gelb gezeichneten Knochen bei dir zur Hand – die entsprechenden Knochen des Pferdes reichen bis zur halben Höhe des Vorderbeines.

➔ Suche auf dem Bild den **Ellbogen** und das **Knie** des Pferdes!

Große Lunge, kleiner Magen

Erkennst du die pinkfarbenen **Rippenbögen**? Dahinter ist beim Pferd viel Platz verborgen für leistungsfähige **innere Organe**. Weil ihre **Lungen** sehr viel Sauerstoff aufnehmen können, sind Pferde so ausdauernd.

Aber nicht alles ist groß im Körper eines Pferdes. Im Verhältnis zu einem **riesenlangen Darm** hat es nur einen **kleinen Magen**. Du kannst dir vorstellen, daß an einen einfachen Eimer ein endloser Schlauch angeschlossen ist.

Der Darm des Pferdes braucht immer Beschäftigung, damit die **Verdauung** klappt. Pferde müssen daher viel Futter aufnehmen – aber nicht zu viel auf einmal.

➔ Pferde brauchen mehrere Mahlzeiten am Tag!

Pferde können nichts wieder ausspucken. Was sie einmal gefressen haben, muß den langen Weg durch Magen und Darm antreten. Kein Wunder, daß Bauchweh (**Kolik**) für Pferde eine schlimme Erkrankung ist!

Leistungsfähige Sinnesorgane

Pferde haben viel **leistungsfähigere Sinnesorgane** als wir.

- Mit ihren seitlich am Kopf stehenden **Augen** können Pferde gleichzeitig nach rechts und links sehen. Sie nehmen Bewegungen auch in weiter Ferne wahr.
- Pferde haben feine **Ohren**. Laute, schrille Geräusche sind ihnen unangenehm.
- Pferde haben eine feine **Nase** und wittern unangenehme Gerüche.
- Pferde haben eine empfindliche **Haut**, die stark schwitzen kann. Sie lassen sich gern berühren.
- Mit den **Tasthaaren** rund um Maul und Nüstern erkennen sie Fremdkörper im Futter.

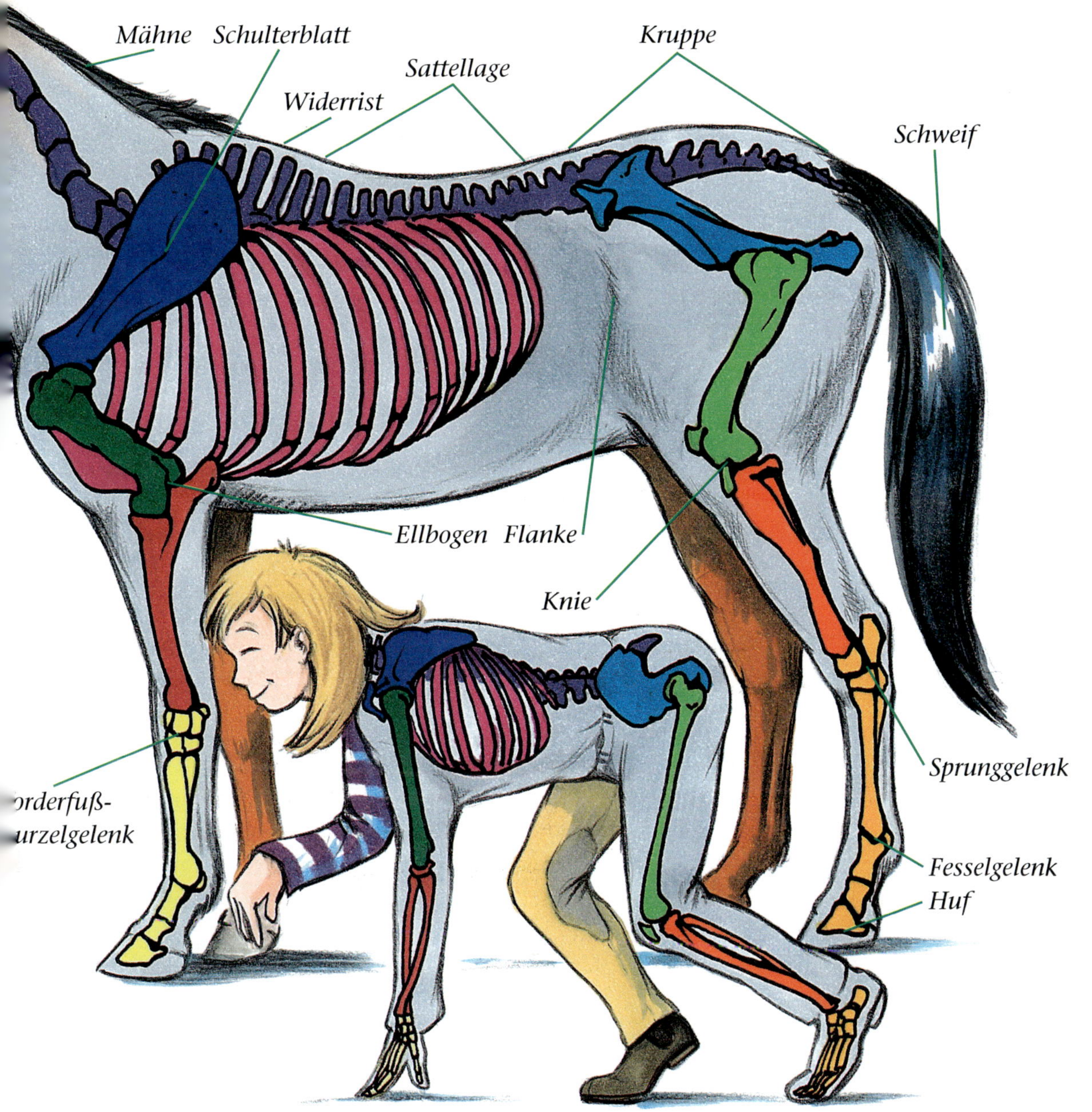

Die Gangarten der Pferde
Mehr als Schritt, Trab und Galopp

Von Geburt an

Pferde sind sogenannte **Nestflüchter**. So nennt man Tiere, die schon bald nach der Geburt selbständig fressen, laufen und sich fortbewegen können. Wir Menschen sind übrigens typische **Nesthocker**.

Drei **Grundgangarten** sind allen Pferden gemeinsam angeboren:

- Schritt
- Trab
- Galopp

Takt und Fußfolge

Stell dir vor, du würdest eine Reitergruppe nicht sehen, sondern nur hören können – du wüßtest trotzdem, in welcher Gangart die Reiter sich fortbewegen. Jede Gangart hat ihren typischen **Takt**, den du sicher heraushören kannst. Die Reihenfolge, in der die Hufe dabei den Boden berühren, nennt man **Fußfolge**. Jedes Mal, wenn ein neues Bein oder Beinpaar den Boden berührt, ist ein neuer Takt zu hören.

Tip

→ Versuche, mit vier Fingern auf dem Tisch die Gangarten eines Pferdes nachzuahmen. Achte dabei auf Takt!

Im **Schritt** dauert es **vier**, im **Trab zwei** und im **Galopp drei Takte** lang, bis die Fußfolge wieder von vorn beginnt.

Schritt

Die Grundgangarten

Im **Schritt** werden die Beine auf einer Seite des Pferdes hintereinander nach vorn bewegt. Die Bewegung geschieht **gleichseitig**, aber **nicht gleichzeitig**.

Der Schritt ist die wichtigste Gangart eines Pferdes, in der es sich stundenlang vorwärts bewegen kann, ohne zu ermüden.

Bei jedem **Trabtritt** bewegt das Pferd ein Hinterbein und das gegenüberliegende Vorderbein gemeinsam nach vorn. Die Bewegung geschieht **gleichzeitig**, aber nicht **gleichseitig**. Im Trab erweisen sich Pferde als ausdauernde Läufer. Trab ist die wichtigste

Gangart für die Ausbildung eines Pferdes.

Im **Galopp** wird zwischen Rechts- und Linksgalopp unterschieden. Jeder **Galoppsprung** wird mit dem äußeren Hinterfuß begonnen, dann bewegen sich der innere Hinterfuß und der äußere Vorderfuß gleichzeitig nach vorn, zuletzt greift der innere Vorderfuß vor.

Galopp ist die **Fluchtgangart** des Pferdes. Es bewegt sich in deutlichen Sprüngen vorwärts. Im Galopp können Pferde hohe Geschwindigkeiten erreichen und über mächtige Hindernisse springen.

Galopp

Spezialgangarten

Manche Pferderassen beherrschen neben den Grundgangarten noch sogenannte **Spezialgangarten**. Die Islandponys sind bekannt für ihre Veranlagung zu **Tölt** oder **Rennpaß**.

Im **Tölt** bewegen die Pferde ihre Beine in der gleichen Fußfolge wie im Schritt blitzschnell vorwärts. Diese Gangart ist für Reiter ganz besonders bequem zu sitzen.

Im **Rennpaß** bewegen sich Pferde wie Kamele: sie setzen Vorder- und Hinterbeine **gleichseitig und gleichzeitig** nach vorn. Isländer erreichen im Rennpaß hohe Geschwindigkeiten.

Trab

Andere Länder – andere Pferde – andere Reitweisen

Die klassische Reitweise

Das System der deutschen Reiterei basiert auf der klassischen Reitweise. Die klassische Reitkunst wird seit vielen Jahrhunderten gelehrt und bildet die Grundlage für den heutigen Turniersport auf der ganzen Welt. Auch die Grundausbildung für Pferd und Reiter, die in Reitvereinen und Reitschulen angeboten wird, richtet sich nach diesen Grundsätzen.

Tip

→ Nutze jede Gelegenheit, dich mit anderen Reitweisen vertraut zu machen! Alle Reiter können voneinander lernen.

Gute Reiter weltweit

Auch in vielen anderen Ländern gibt es eine große reiterliche Tradition. Je nachdem, welche Pferde zur Verfügung standen und zu welchem Zweck sie ausgebildet wurden, haben erfahrene Ausbilder unterschiedliche Ausrüstungen für die Pferde und unterschiedliche Techniken für den Umgang mit dem Pferd und das Reiten entwickelt.

Aber gute Reiter auf der ganzen Welt haben auch Gemeinsamkeiten:

- Ein guter Reiter geht stets mit der Pferdebewegung mit.
- Gutes Reiten erkennt man an der sicheren Verständigung zwischen Reiter und Pferd.
- Gute Reiter sind gute Lehrer für Pferde. Unter ihnen vollbringen Pferde Höchstleistungen.

Dressurreiten

Springreiten

Unterschiedliche Reitweisen

Die Ausbildung eines Pferdes kann ganz verschiedenen Zielen dienen. Dafür braucht ein Reiter eine spezielle Ausrüstung und bestimmte Techniken.

Leichte Reitweise

Reiten auf Islandpferden

Islandpferde waren in ihrer Heimat lange Zeit das einzige Verkehrsmittel. Die geduldigen, genügsamen Pferde können lange Strecken zurücklegen und dabei schwere Lasten tragen. Kein Wunder, daß Islandponys als ideale Pferde zum Wanderreiten gelten – auch für Erwachsene!

Islandpferdereiter haben sich zu einem eigenen Verband zusammengeschlossen. Sie führen Wettkämpfe durch, zum Beispiel in den Spezialgangarten Paß und Tölt.

Eine Verwandte der klassischen Reiterei ist die **leichte Reitweise**. Sie soll es Pferd und Reitern ohne Ehrgeiz für Turniere besonders leicht machen, sich beim Training und im Gelände zu verständigen.

Cowboys in Amerika haben ihre Pferde zum Viehhüten ausgebildet – das war der Ursprung des **Westernreitens**. Die Arbeitskleidung der Cowboys – Blue Jeans, kariertes Hemd, Stiefel, Hut – ist weltweit das Vorbild für Freizeitmode geworden. Für das Westernreiten gibt es eigene Ausbildungsställe und Turniere.

Uralt ist die **iberische** (**spanische**) Reitweise, die auf edlen Andalusiern heute noch gepflegt wird.

Hohe Schule für Pferde

Mit einer eigenen Pferderasse, den Lippizanern, wird in der **Spanischen Hofreitschule** in Wien ein feierliches Pferdeballett inszeniert. Manche dieser Schimmelhengste beherrschen auch die spektakulären Sprünge über der Erde. In der großen französischen nationalen Reitschule in Saumur ist das **Cadre Noir** untergebracht. Diese Gruppe stets schwarz gekleideter Reiter zeigt ebenso große Quadrillen und phantastische Schulsprünge.

Spanische Reitweise

Westernreiten

Reiten lernen – wo und wie
Die fachgerechte Reitausbildung

Langes Lernen

Reiten können heißt, die Sprache der **Verständigung mit dem Pferd** zu beherrschen. Pferd und Reiter müssen diese Sprache zuvor erlernen, wenn keine Mißverständnisse zwischen ihnen aufkommen sollen.

> **Tip**
>
> → **Nutze das Angebot des Longenunterrichtes so lange wie möglich aus! In den Longestunden hast du einen Reitlehrer (eine Reitlehrerin) ganz für dich allein!**

Ein Pferd sicher zu **lenken**, sein **Tempo**, seinen **Weg** und auch noch seine **Körperhaltung** zu **kontrollieren**, erfordert viel Übung. Reiten lernen kann man nicht in ein paar Ferienkursen oder einigen Trainerstunden.

Wer sich eine **Reitausbildung** wünscht, muß bereit sein, mehrere Jahre lang **Reitunterricht** zu nehmen. Ohne guten Unterricht wird niemand ein guter Reiter.

Die passende Reitschule

Es ist gar nicht so leicht, eine **passende Reitschule** zu finden. Ein Zeichen kann dir helfen: Der **Steigbügel** mit dem **Pferdekopf** darin und den Buchstaben **FN**. Sie sind die Abkürzung der (französischen) Bezeichnung für die **Deutsche Reiterliche Vereinigung**. Das ist der Dachverband für Pferdezucht und -sport in Deutschland.

Die FN kennzeichnet **Reitbetriebe**, die ihren **Anforderungen** entsprechen. Hat ein Reitbetrieb ein **FN-Schild** an der Tür, dann kannst du sicher sein, dort **FN-geprüfte Ausbilder** und **Schulpferde** oder **Schulponys** zu finden.

Wenn du dir einen Reitstall aussuchen möchtest, dann schau dich dort zunächst gründlich um. Für deine **Entscheidung** sind folgende Punkte wichtig:

- Macht die Reitanlage einen aufgeräumten, sauberen Eindruck?
- Sehen die Pferde gesund und zufrieden aus, sind sie gut untergebracht?
- Stehen Pferde oder Ponys zur Verfügung, die in der Größe zu dir passen?
- Gibt es eine Reithalle?

- Ist das Putz- und Sattelzeug für die Schulpferde in gutem Zustand?
- Gibt es dort noch mehr Jugendliche in deinem Alter?
- Wird der Unterricht von einem geprüften Ausbilder erteilt? Gefällt dir der Unterrichtston?
- Werden für Anfänger Longestunden angeboten?
- Wie groß sind die Gruppen in einer Unterrichtsstunde?
- Ist der Unterricht vielseitig?

Turnen auf dem Pferderücken

Ein guter Einstieg in den Pferdesport kann das **Voltigieren** sein. So nennt man das Turnen auf dem blanken Pferderücken. Viele Reitställe bieten **Voltigiergruppen** an, an denen auch jüngere Kinder (sogar im Vorschulalter) teilnehmen können.

Voltigieren ist eine sehr gute Möglichkeit, sich mit den Bewegungen eines Pferdes vertraut zu machen. Die Anfangsgründe dieses Sportes kann jeder lernen. Wer erfolgreich an Voltigierwettkämpfen teilnehmen will, der braucht allerdings Talent zum Turnen und viel Training.

Longestunden

Deine ersten Reitversuche finden am besten an der Longe statt. In den **Longestunden** kannst du dich ganz auf deinen **Sitz** konzentrieren. Der richtige Sitz ist die wichtigste Grundlage für die weitere Ausbildung.

In der Reitabteilung

Wenn du dich auf dem Pferderücken sicher fühlst, darfst du in einer **Reitabteilung** mitreiten. Anfangs gehen die Pferde dabei hintereinander her. Für dich ist es beim Reiten in der Abteilung einfacher, den richtigen Weg, die geforderte Gangart und das passende Tempo einzuschlagen.

→ Schritt für Schritt lernst du, selbst die **Kontrolle über das Pferd** zu übernehmen.

Eine vielseitige Grundausbildung
Der beste Weg, ein guter Reiter zu werden

Der Weg zum guten Reiter

Jeder, der reiten lernt, wünscht sich, ein guter Reiter zu werden. Ohne Talent und Trainingsfleiß kann dieses Ziel nicht erreicht werden. Die beste Voraussetzung dafür, Fortschritte im Sattel zu machen, ist eine vielseitige Grundausbildung. Es gibt viel zu lernen im Reitsport. Wer sich früh auf eine einzige Sparte des Reitsports festlegt, verbaut sich viele andere Möglichkeiten.

Tip

→ Nutze jede Gelegenheit, einmal ein fremdes Pferd zu reiten. Pferde sind die besten Reitlehrer!

In der Basisausbildung sind die einzelnen Disziplinen des Reitens ganz eng miteinander verbunden. Wer zum Beispiel springen lernen will, kann die Voraussetzungen dafür in der Reitbahn und im Gelände üben.

Wer ein guter Reiter werden möchte, braucht so viel praktische Erfahrung wie möglich.

→ Sammle Erfahrungen!

So kannst du ausprobieren, was dir beim Reiten am meisten Spaß macht.

Dressurmäßiges Reiten

Das dressurmäßige Reiten ist die Grundlage der Ausbildung von Pferd und Reiter. Es ist eine Art gymnastisches Training für das Pferd und dich. Das Pferd soll dabei lernen, sich geschmeidig und harmonisch unter dem

Reiter zu bewegen. Es soll sich unter dem Reitergewicht in jeder Situation ausbalancieren und den Reiterhilfen willig gehorchen.

Der Reiter soll dabei lernen, auf dem Pferderücken unabhängig von den Händen sein Gleichgewicht zu finden. Erst dann kann er **Tempo**, **Weg** und **Haltung** des Pferdes **mit leichten Hilfen kontrollieren**.

Geländereiten

Im **Gelände** ist die Verständigung zwischen Reiter und Pferd am einfachsten. Spazierengehen an der frischen Luft ist für Pferde viel selbstverständlicher, als in einer Halle vorgeschriebene Hufschlagfiguren auszuführen oder über Hindernisse zu springen.

Reiten im Gelände ist die schönste Art, auf dem Pferderücken Sicherheit zu gewinnen. Dabei entsteht ein gutes **Vertrauen** zwischen Reiter und Pferd.

→ Reite häufig im Gelände, vor allem bergauf und bergab. So schulst du dein **Gleichgewicht**.

Springen über bunte Stangen

Keine Angst vor bunten Stangen! Wenn Pferde richtig dafür ausgebildet sind, springen sie gern und selbstverständlich. Der erste kleine **Sprung** fühlt sich für dich nicht anders an als ein **großer Galoppsprung**.

Springen schult das Gefühl für **Tempo** und **Rhythmus** der Pferdebewegung. Und es fördert schnelle Reaktionen, Balance und Sicherheit im Sattel.

Spielend lernen

Spielen macht Spaß – nicht nur den Reitern, sondern auch den Pferden. Bei manchen **Reiterspielen** machen sie selbständig mit. Im Spiel gelingen Übungen, die man sich im ernsten Unterricht gar nicht zugetraut hätte.

→ **Spielend** kannst du sogar etwas **lernen**, vor dem du ein bißchen Angst hast...

Turniersport
Wettkämpfe um Schleifen, Pokale und Preise

Wettstreit um die goldene Schleife

Für alle Sparten der Reiterei gibt es organisierte **Wettkämpfe**. Auf Turnieren treten Pferde und Reiter gegeneinander an. Für Jugendliche und Ponys gibt es spezielle Bestimmungen. Die drei größten **Turnierdisziplinen** sind

- Dressur
- Springen
- Vielseitigkeit.

Eigene **Turnierprüfungen** und **Wettbewerbe** gibt es auch im

- Fahren
- Voltigieren
- Distanzreiten.

Der **Sieger** einer Prüfung bekommt die begehrte **goldene Schleife** angesteckt, der zweite eine silberne und der dritte eine weiße. Die Farben für die nächstplazierten sind blau, rot und grün (für den sechsten und alle weiteren Plätze). Bei großen Turnieren sind außerdem **Geld-** und **Ehrenpreise** zu gewinnen.

Tip

→ **Nutze die Gelegenheit, guten Turnierreitern zuzuschauen. Nimm sie dir zum Vorbild!**

Die Regeln

Die **Regeln** für den **Turniersport** werden von der **Deutschen Reiterlichen Vereinigung** (FN) aufgestellt. Sie bildet außerdem **Turnierrichter** aus.

In der **LPO** (Leistungsprüfungsordnung) ist genau festgehalten, welche **Anforderungen**, **Regeln** und **Bewertungen** auf Turnieren gültig sind.

Turnierprüfungen werden nach ihrem **Schwierigkeitsgrad** eingeteilt:

- **E** Eingangsklasse
- **A** Anfangsklasse
- **L** Leichte Klasse
- **M** Mittelschwere Klasse
- **S** Schwere Klasse

Die LPO (Leistungsprüfungsordnung) enthält alle Regeln für den Turniersport.

Laß dich von den Bezeichnungen nicht täuschen! Bereits eine Prüfung der Klasse L stellt Reiter und Pferde vor sehr anspruchsvolle Aufgaben.

Meisterschaften

Ein besonderer Höhepunkt des Turnierjahres sind **Meisterschaften**, auch Championate genannt. Jedes Jahr finden in allen Disziplinen **Deutsche Meisterschaften** statt, sogar für Ponyreiter.

Die Internationale Reiterliche Vereinigung, kurz FEI, überwacht **internationale Turniere** und Championate, zum Beispiel die jährlichen **Europameisterschaften**.

Alle vier Jahre werden **Olympiasieger** in **Dressur**, **Springen** und **Vielseitigkeit** ermittelt. Ebenfalls alle vier Jahre werden **Weltmeisterschaften** für alle reitsportlichen Disziplinen ausgetragen.

Dressursport

Höchste Eleganz und die größtmögliche Übereinstimmung von Reiter und Pferd bietet der **Dressursport**. In den schwersten Prüfungen sind die Reiter feierlich in Frack und Zylinder gekleidet.

Springsport

Die beliebteste Turnierdisziplin ist der **Springsport**. Reiter im schwarzen oder roten Reitrock mit schwarzem Reithelm überwinden dabei imposante Stangenhindernisse.

Meist geht es dabei um **Strafpunkte**

und **Zeit**. Wenn zwei oder mehr Reiter ohne Fehler bleiben, entscheidet oft ein **Stechen**.

Vielseitigkeit

Die **Vielseitigkeit** gilt als die **schwierigste Turnierdisziplin**. Pferde und Reiter müssen eine Dressurprüfung vorzeigen, eine Geländestrecke mit festen Hindernissen absolvieren und zuletzt noch einen Hindernisparcours mit bunten Stangen überwinden.

Erste Turniererfahrungen

Für **Jugendliche** gibt es einige **Wettbewerbe**, die den Einstieg in das Turnierreiten erleichtern. Dabei kommt es nur auf **Sitz** und **Einwirkung** des Reiters an.

→ In einem **Einfachen Reiterwettbewerb** kannst du am besten erste Turniererfahrungen sammeln.

Mein ganz persönliches Ziel
Für die Harmonie von Mensch und Pferd

Das passende Ziel

Die Wünsche und Erwartungen, die sich mit dem Reiten verbinden, können sehr unterschiedlich sein.

Tip

Wenn das Reiten dir einmal keinen Spaß macht, dann überprüfe deine Zielsetzung! Unpassende Ziele stören die Harmonie von Pferd und Reiter.

Im Traum kann jeder ein eigenes Pferd haben oder eine Goldmedaille gewinnen. Wenn aus einem schönen Traum allerdings ein persönliches Ziel werden soll, dann reicht das Wünschen allein nicht aus.

Bevor du dir ein Ziel fest vornimmst, überlege genau (mogeln gilt nicht!):

- Paßt das Ziel zu meinen eigenen reiterlichen Fähigkeiten?
- Ist es für mich ein passender nächster Schritt, oder habe ich einen wichtigen Schritt ausgelassen?
- Paßt das Ziel zu meinem Pferd? Entspricht es seinem Talent, Ausbildungsstand, seinem Charakter?
- Reichen meine praktischen Möglichkeiten (Zeit, Geld, Unterrichtsangebot) aus, um sinnvoll für dieses Ziel zu trainieren?
- Bin ich bereit, konsequent auf dieses Ziel hinzuarbeiten? Nehme ich dafür notfalls Unbequemlichkeiten und Rückschläge in Kauf?

Verliere nicht den Mut, wenn du feststellen mußt, daß dein Wunschziel nicht zu deinen Möglichkeiten paßt.

→ Es gibt viele verschiedene Ziele beim Reiten – auch für dich.

Turniersport und Abzeichen

Wenn du Wettkämpfe magst, dich gern herausfordern läßt und keine Angst vor Prüfungen hast, dann wird dir auch das Turnierreiten Spaß machen.

Die FN hat eine ganze Reihe von Abzeichen geschaffen, die du in Sonderprüfungen erwerben kannst.

Die allerersten Prüfungen, denen du dich stellen kannst, sind die für das

Kleine und **Große Hufeisen**. Um diese **Stoffabzeichen** zu bekommen, mußt du Grundlagen des Reitens, des Umgangs mit dem Pferd und der Theorie beherrschen.

→ Melde dich für einen **Ferienlehrgang** an, der mit einer Prüfung für das **Kleine Hufeisen** abschließt!

Wer an **Turnierprüfungen** teilnehmen will, die über die in der Eingangsklasse E hinausgehen, muß das **Deutsche Reiterabzeichen in Bronze** (Klasse IV) erwerben.

Das eigene Pferd

Viele junge Reiter träumen den Traum vom eigenen Pferd. Traumpferde halten aber oft der Wirklichkeit nicht stand. Vor der **Anschaffung** eines **eigenen Pferdes** solltest du dir folgende Punkte überlegen:

- Welche finanziellen Mittel stehen mir zur Verfügung? Kann ich damit ein passendes Pferd anschaffen und unterhalten?
- Habe ich genug Zeit für ein Pferd? Bin ich bereit, für das Pferd andere Beschäftigungen zu opfern?
- Was für ein Pferd paßt zu meinen reiterlichen Fähigkeiten und meinen Trainingsmöglichkeiten?
- Kenne ich einen Fachmann, der mich zuverlässig berät?

Harmonie von Mensch und Pferd

Egal, ob du bestimmte Leistungen vollbringen oder nur mit deinem Pferd im Gelände glücklich sein möchtest – wichtigstes **Ziel** ist die **Harmonie** von **Mensch und Pferd**.

Sie fällt nicht vom Himmel, sondern du mußt sie dir **erarbeiten**. Die Bereitschaft zur **Selbstkritik**, **Disziplin** und **Selbstbeherrschung** ist die wichtigste Voraussetzung dafür.

Das grüne Stoffabzeichen gehört zum Kleinen, das rote zum Großen Hufeisen. Du kannst sie auf deine Lieblings-Reitkleidung aufnähen.

Die Autorin

Isabelle von Neumann-Cosel, Jahrgang 1951, ist Journalistin, Reitlehrerin und Richterin. Sie hat im FN*verlag* unter anderem „Das Pferdebuch für junge Reiter", fünf Titel einer Sachbilderbuchreihe und zwei FN-Lehrfilme über die Reitausbildung von Kindern veröffentlicht.

Foto: Thome ©

Die Illustratorin

Jeanne Kloepfer, Jahrgang 1966, ist Diplom Grafik-Designerin und Illustratorin. Sie lebt und arbeitet in Heidelberg. Nach dem Studium entschloß sie sich für die Selbständigkeit und ist sowohl in der Werbung als auch bei Verlagen tätig – mit dem Schwerpunkt „Pferde".

Was Pferdefreunde wissen wollen

Kleines Hufeisen – Großes Hufeisen
So klappt die Prüfung

64 durchgehend farbig illustrierte Seiten, Format 17 x 24 cm, gebunden, DM 26,80
ISBN 3-88542-296-4

In der Reitschule

48 durchgehend farbig illustrierte Seiten, Format 17 x 24 cm, gebunden, DM 26,80
ISBN 3-88542-319-7

Das Sachbilderbuchprogramm zum Vorlesen und für Erstleser

Jeweils 32 Seiten mit durchgehend farbigen Illustrationen, Format 21 x 26 cm, gebunden, je DM 24,80

Das Pferdebuch für Kinder
ISBN 3-88542-287-5

Das Ponybuch für Kinder
ISBN 3-88542-288-3

Das Buch vom Pferdepflegen für Kinder
ISBN 3-88542-294-8

Das Buch vom Pferdestall für Kinder
ISBN 3-88542-295-6

Das Buch vom Reiten lernen für Kinder
ISBN 3-88542-317-0

1. Pferde brauchen Menschen

Pferde sind auf uns Menschen angewiesen. Wir Pferdefreunde tragen die Verantwortung dafür, daß es jedem einzelnen Pferd gut geht – auch du.

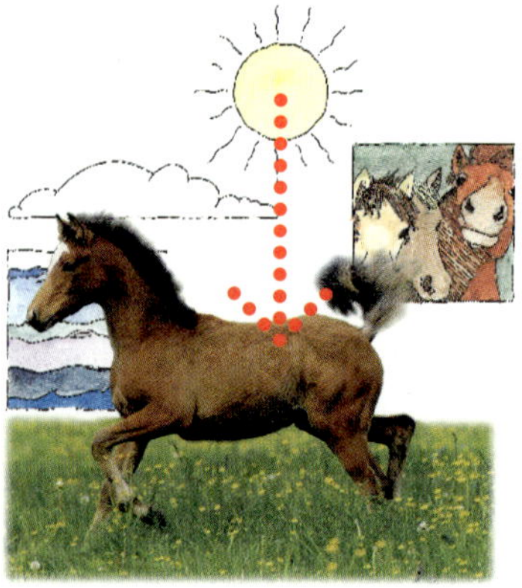

2. Pferde müssen richtig versorgt werden

Pferde brauchen Wasser und Futter, Licht und Luft, viel Bewegung und Kontakt zu anderen Pferden. Wir Pferdefreunde sorgen dafür, daß es jedem Pferd gut geht – auch du.

3. Die Gesundheit geht vor

Gesundheit und Zufriedenheit des Pferdes sind wichtiger als Erfolge um jeden Preis. Uns Pferdefreunden geht das Wohl jedes einzelnen Pferdes vor – auch dir.

4. Alle Pferde sind wertvoll

Alle Pferde verdienen Pflege und Zuneigung, egal ob jun oder alt, Weidepony oder Turnierpferd, Zuchthengst oder ausgedientes Schulpfer Wir Pferdefreunde wissen, daß alle Pferde gleich gut behandelt werden müssen – auch du.

5. Pferde und Menschen haben eine lange gemeinsame Geschichte

Zwischen Pferden und Menschen besteht seit Tausenden von Jahren eine enge Verbindung.

Wir Pferdefreunde sind bereit, vom enormen Wissen früherer Zeiten und fremder Kulturen über Pferde zu lernen – auch du.

6. Pferde sind gute Lehrer

Pferde spüren Ungeduld und Unbeherrschtheit. Sie belohnen Freundlichkeit und Geduld. Wir Pferdefreunde lernen gern von unseren Pferden – auch du.